RATUS POCHE

COLLECTION DIRIGÉE PAR JEANINE ET JEAN GUION

Ralette fait des crêpes

Ralette, drôle de chipie

- Ralette au feu d'artifice
- Ralette fait des crêpes
- Ralette fait du camping
- Ralette fait du judo
- La cachette de Ralette
- Une surprise pour Ralette
- Le poney de Ralette
- Ralette, reine du carnaval
- Ralette, la super-chipie !
- Joyeux Noël, Ralette !
- Ralette, reine de la magie
- Ralette n'a peur de rien
- Mais où est Ralette ?
- Ralette et les tableaux rigolos
- Les amoureux de Ralette
- L'idole de Ralette
- Ralette au bord de la mer
- Ralette et l'os de dinosaure

 ISSN 1259 4652, ISBN 978-2-218 74368-9

Ralette fait des crêpes

Une histoire de Jeanine et Jean Guion
illustrée par Luiz Catani

HATIER

LES PERSONNAGES DE L'HISTOIRE

Justin

Ralette la chipie
ldo
Ratounet
Lili

Ralette téléphone à ses amis : 1

– Je vous invite à manger des crêpes ! 2

– Ratounet, tu apporteras la farine.

– Raldo, tu achèteras des œufs 3
tout frais à la ferme. 4

– Moi, dit Lili, j'apporterai la confiture
pour mettre sur les crêpes.

Quel est le sac de Raldo ?

À la ferme, Raldo a mis les œufs
dans son sac de sport.
Et il court :
« Une, deux, une, deux… »
Dans le sac, les œufs sont secoués.
Ils font :
« Une, deux, crac ! Une, deux, crac ! »
Quand Raldo arrive chez Ralette,
il y a une omelette dans le sac ! 5

Que dit Ratounet ?
5
Je suis tombé dans l'escalier.
6
Je me suis déguisé pour Mardi-Gras.
7
Raldo m'a fait manger de la farine.

On sonne à la porte de Ralette.
La petite rate va ouvrir.
Ratounet est là, tout blanc !
Il est tombé dans l'escalier, 6
le nez dans la farine. 7
– Donne-moi un balai et une pelle, 8
dit Lili. Je vais tout ramasser.
La farine est encore bonne.

Que dit Ralette ?

Ralette ne veut pas faire les crêpes
avec la farine tombée dans l'escalier.
Elle ne veut pas mettre les œufs cassés
parce que le jaune et le blanc
sont mélangés avec les coquilles. 9
Alors, Ratounet achète
un nouveau paquet de farine
et Raldo retourne chercher des œufs. 10
Mais cette fois, il rentre en marchant.

Qu'est-ce que Raldo va ajouter dans la pâte ?

Ralette bat les œufs dans le lait.
Lili ajoute le beurre et la farine.
Alors, Raldo prend la boîte
de sucre en poudre
et il en verse la moitié dans la pâte.

- Oh ! la la ! crie Lili. On ne pourra pas
faire sauter les crêpes dans la poêle ! 11

La crêpe reste collée. Pourquoi ?
18 Il y a trop de sel.
19 Il y a trop de sucre.
20 Il y a de la colle dans la pâte.

– Moi, je suis très fort, dit Raldo.
Je vais faire sauter les crêpes.
Et il secoue la poêle 12
pour faire sauter la première crêpe.
Mais la crêpe reste collée.
Raldo secoue de toutes ses forces :
il en est tout rouge !
Ralette et Lili se moquent de lui…

Où tombe la crêpe de Ratounet ?

Ralette fait à nouveau de la pâte,
mais sans sucre cette fois.
– À mon tour, dit Ratounet.
Au moment de faire sauter sa crêpe, 13
Ratounet secoue la poêle
aussi fort que Raldo.
La crêpe s’envole et retombe
sur le nez de Lili.
– Maladroit ! crie la fouine. 14
– Il pleut des crêpes ! dit Ralette.

Où va tomber la crêpe de Ralette ?

La chipie a une idée. Elle dit :

– Je vais faire les crêpes parce que Raldo et Ratounet sont vraiment très bêtes.

Elle prend la poêle à deux mains et regarde Raldo en visant bien :

– Et hop ! crie Ralette en faisant sauter la crêpe très haut.

Quel dessin montre ce que Ralette dit à Raldo ?

La crêpe brûlante retombe
juste sur la tête du gros rat.
Il se met à hurler : 16
– Au secours ! Au secours !
Cette chipie m'a brûlé la tête.
– Ça ne fait rien, dit Ralette. 17
Il n'y a rien dedans !
Raldo prend la poêle et court
après Ralette pour l'assommer.

Comment se termine l'histoire ?

31

32

33

Justin arrive car il a entendu
les cris de Raldo.
– Je vais faire les crêpes, dit-il,
pour calmer tout le monde.
Pendant ce temps, mettez la table. 18
Une demi-heure plus tard,
Ralette et ses amis ont oublié
leurs disputes et ils se régalent.
– Vive Justin ! crient-ils tous ensemble.

1

elle **téléphone**

2

manger
(on prononce :
man-jé)

3

des **œufs**
(on prononce :
dé-zeu)

4

la **ferme**
(on prononce :
fèr-me)

5

une **omelette**
(on prononce :
o-me-lè-te)

Pour faire
une **omelette**,
il faut casser
des œufs.

6

un **escalier**

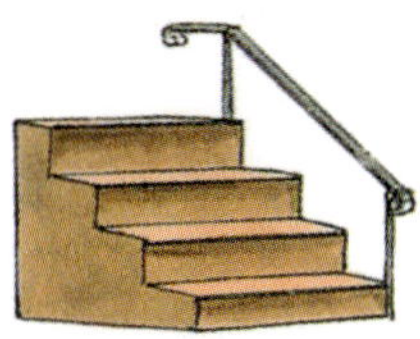

7

le **nez**

8

un **balai** et une **pelle**

9

les **coquilles**

10

chercher
(on prononce :
chèr-ché)

11

sauter
(on prononce :
so-té)

12

une **poêle**

13

un **moment**
(on prononce :
mo-man)

14

maladroit
Ratounet est
maladroit parce qu'il
n'a pas réussi à
rattraper la crêpe
dans la poêle.

15

en visant
Ralette vise pour
bien lancer la crêpe
où elle veut.

16

hurler
(on prononce :
ur-lé)

Crier très fort.

17

rien
(on prononce :
ri.in)

18

mettez
(on prononce :
mé-té)

Les aventures du rat vert

- 1 Le robot de Ratus
- 3 Les champignons de Ratus
- 6 Ratus raconte ses vacances
- 8 Ratus et la télévision
- 15 Ratus se déguise
- 19 Les mensonges de Ratus
- 21 Ratus écrit un livre
- 23 L'anniversaire de Ratus
- 26 Ratus à l'école du cirque
- 29 Ratus et le sapin-cactus
- 36 Ratus et le poisson-fou
- 40 Ratus et les puces savantes
- 46 Ratus en ballon
- 47 Ratus père Noël
- 50 Ratus à l'école
- 54 Un nouvel ami pour Ratus
- 57 Ratus et le monstre du lac
- 1 Ratus chez le coiffeur
- 2 Ratus et les lapins
- 9 Ratus aux sports d'hiver
- 13 Ratus pique-nique
- 23 Ratus sur la route des vacances
- 27 La grosse bêtise de Ratus
- 38 Ratus chez les robots
- 41 Ratus à la ferme
- 46 Ratus champion de tennis
- 56 Ratus et l'œuf magique
- 60 Ratus et la barbu turlututu
- 8 La classe de Ratus en voyage
- 12 Ratus en Afrique
- 16 Ratus et l'étrange maîtresse
- 26 Ratus à l'hôpital
- 29 Ratus et la petite princesse
- 31 Ratus et le sorcier
- 33 Ratus gardien de zoo
- 47 En vacances chez Ratus

Les aventures de Mamie Ratus

- 7 Le cadeau de Mamie Ratus
- 39 Noël chez Mamie Ratus
- 3 Les parapluies de Mamie Ratus
- 8 La visite de Mamie Ratus
- 31 Le secret de Mamie Ratus
- 5 Les fantômes de Mamie Ratus

Ralette, drôle de chipie

- 10 Ralette au feu d'artifice
- 11 Ralette fait des crêpes
- 13 Ralette fait du camping
- 18 Ralette fait du judo
- 22 La cachette de Ralette
- 24 Une surprise pour Ralette
- 28 Le poney de Ralette
- 38 Ralette, reine du carnaval
- 45 Ralette, la super-chipie !
- 51 Joyeux Noël, Ralette !
- 56 Ralette, reine de la magie
- 4 Ralette n'a peur de rien
- 6 Mais où est Ralette ?
- 20 Ralette et les tableaux rigolos
- 44 Les amoureux de Ralette
- 48 L'idole de Ralette
- 11 Ralette au bord de la mer
- 34 Ralette et l'os de dinosaure

Collection Ratus Poche

Les histoires de toujours

- 27 Icare, l'homme-oiseau
- 32 Les aventures du chat botté
- 35 Les moutons de Panurge
- 37 Le malin petit tailleur
- 41 Histoires et proverbes d'animaux
- 49 Pégase, le cheval ailé
- 26 Le cheval de Troie
- 32 Arthur et l'enchanteur Merlin
- 36 Gargantua et les cloches de Notre-Dame
- 43 La légende des santons de Provence
- 49 Les malheurs du père Noël
- 52 À l'école de grand-père
- 21 L'extraordinaire voyage d'Ulysse
- 27 Robin des Bois, prince de la forêt
- 36 Les douze travaux d'Hercule
- 40 Les folles aventures de Don Quichotte
- 46 Les mille et une nuits de Shéhérazade
- 49 La malédiction de Toutankhamon
- 50 Christophe Colomb et le Nouveau Monde

Super-Mamie et la forêt interdite

- 42 Super-Mamie et le dragon
- 43 Le Noël magique de Super-Mamie
- 44 Les farces magiques de Super-Mamie
- 48 Le drôle de cadeau de Super-Mamie
- 59 Super-Mamie et le coiffeur fou
- 39 Super-Mamie, maîtresse magique
- 42 Au secours, Super-Mamie !
- 45 Super-Mamie et la machine à rétrécir
- 50 Super-Mamie, sirène magique
- 57 Super-Mamie, dentiste royale
- 37 Le mariage de Super-Mamie
- 39 Super-Mamie s'en va-t-en guerre !

L'école de Mme Bégonia

- 11 Drôle de maîtresse
- 14 Au secours, le maître est fou !
- 16 Le tableau magique
- 25 Un voleur à l'école
- 33 Un chien à l'école
- 47 Bonjour, madame fantôme !

La classe de 6e

- 14 La classe de 6e et les hommes préhistoriques
- 17 La classe de 6e tourne un film
- 24 La classe de 6e au Futuroscope
- 30 La classe de 6e découvre l'Europe
- 35 La classe de 6e et les extraterrestres
- 42 La classe de 6e et le monstre du Loch Ness
- 44 La classe de 6e au Puy du Fou
- 48 La classe de 6e contre les troisièmes

Collection Ratus Poche

Les imbattables

54 La rentrée de Manon
58 Barnabé est amoureux !
55 Le chien de Quentin
61 Le courage de Manon

Baptiste et Clara

30 Baptiste et le requin
35 Baptiste et Clara contre le vampire
37 Baptiste et Clara contre le fantôme
40 Clara et la robe de ses rêves
51 Clara et le secret de Noël
53 Les vacances de Clara
59 Clara fait du cinéma
22 Baptiste et Clara contre l'homme masqué
32 Baptiste et le complot du cimetière
38 Clara superstar
41 Clara et le garçon du cirque
43 Clara, reine des fleurs
45 Clara et le cheval noir

Les enquêtes de Mistouflette

9 Mistouflette et le trésor du tilleul
30 Mistouflette sauve les poissons
34 Mistouflette et les chasseurs
5 Mistouflette et les tourterelles en danger
24 Mistouflette enquête au pays des oliviers
1 Mistouflette contre les voleurs de chiens
7 Mistouflette et la plante mystérieuse

Francette top secrète

52 Mystère à l'école
53 Drôle de momie !
55 Mission Noël
58 Enquête à quatre pattes

Conception graphique couverture : Pouty Design
Conception graphique intérieur : Jean Yves Grall • mise en page : Atelier JMH

Imprimé en France par Pollina, 85400 Luçon - n° L48687
Dépôt légal n° 30532 - décembre 2008